001

002

003

004

005

WOOD-FOLK

007

008

009

010

The Meeting of Huon & Oberon

011

2

012

013

014

015

016

017

018

019

020

021

022

023

024

025

026

027

028

029

THE TWO DAMSELS RESCUE ROGER FROM THE RABBLE

030

031

032

Ida Rentoul Outhwaite

033

034

035

036

037

038

039

040

041

042

043

044

045

047

046

048

049

THE TROLL GIVES A LIGHT

050

051

052

053

054

055

056

057

058

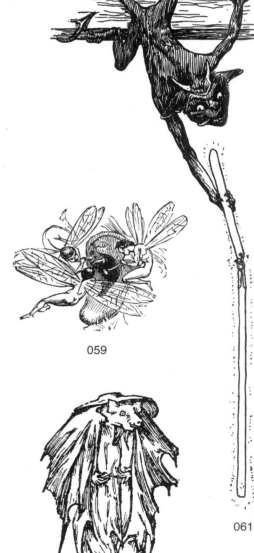

059

060

061

062

063

064

065

066

067

068

069

070

071

072

073

075

076

074

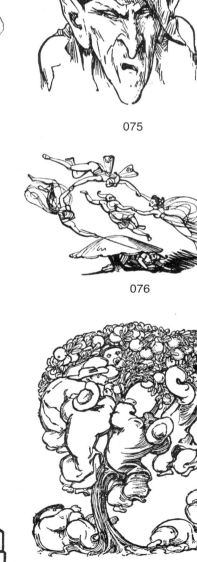

077

078

079

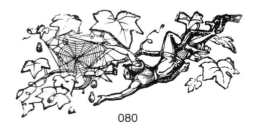

080

081

082

083

084

085

086

087

088

089

090

091

092

093

094

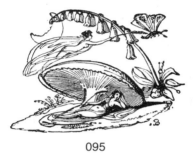

095

096

097

098

099

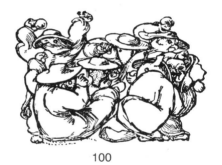

100

101

102

103

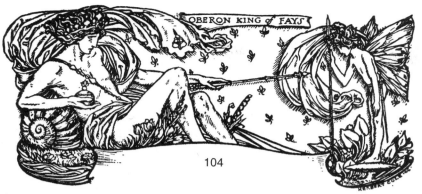

104

105

107

106

The Hobgoblin laughed till his sides ached

108

109

110

111

112

113

114

115

116

117

118

119

120

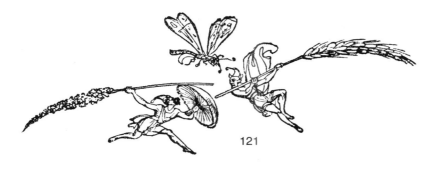

121

123

122

124

125

126

THE UNDERGROUND WORKERS

127

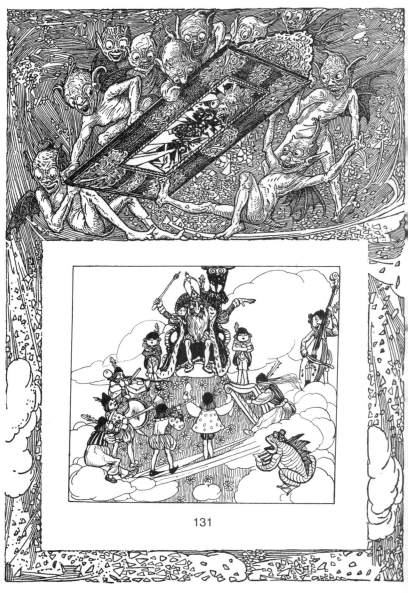

128

131

132

129

130

133

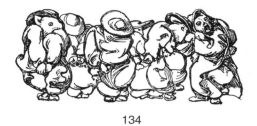

134

135

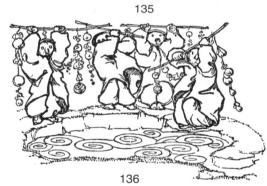

136

137

138

139

"MAIDEN ARE YOU WARM?"

140

141

The Enchantment

143

142

144

145

146

147

148

149

150

152

ABEILLE FINDS HERSELF AMONG THE LITTLE MEN.

151

153

154

155

156

157

158

159

THE ELVES AND THE BEAR

160

161

162

163

164

165

166

167

168

169

170

171

172

173

174

175

176

Hans·fights·the·headless·dwarfs

177

178

179

180

181

182

183

THE PRICKLY MAN WITH HIS ATTENDANTS

184

Fairer than a fairy Summons the Rainbow

185

186

187

188

189

THE TROLL LADLES UP THE FISHES

190

191

192

193

194

195

196

197

198

199

200

201

202

The "Fairy" Nursling.

HERBERT COLE · 1906

203

Pixy spin, Pixy gay,
Pixy now will run away.

204

205

206

207

208

209

210

211

212

213

214

215

216

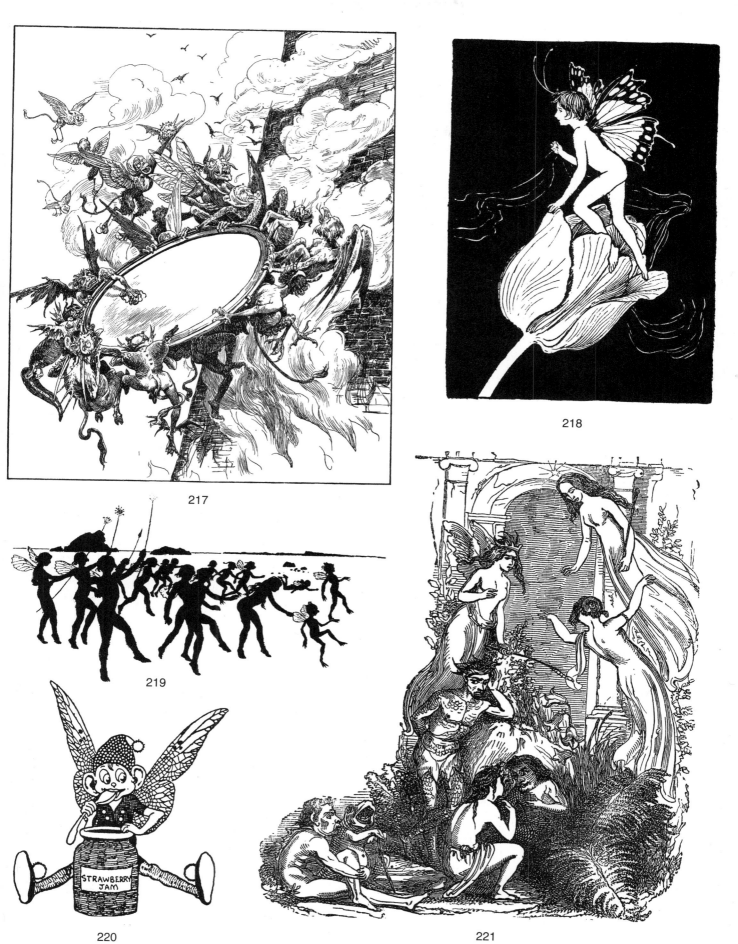

217

218

219

220

221

222

223

224

225

How Lisa and Aina met the Raspberry King

226

227

HERBERT COLE. 1906.

So they began playing together like any two wee bairns ~

229

228

230

231

232

233

234

He insisted upon striking Molly with it on the lame leg.

235

236

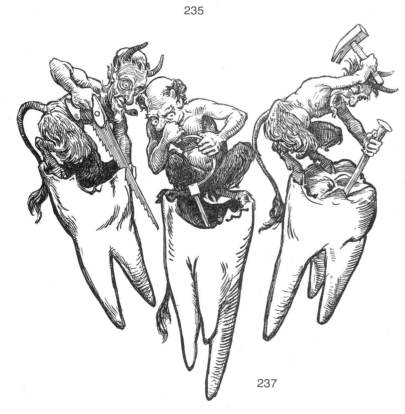

237

238

239

240

242

241

243